BEI GRIN MACHT SICH IHR WISSEN BEZAHLT

AF140540

- Wir veröffentlichen Ihre Hausarbeit,
  Bachelor- und Masterarbeit

- Ihr eigenes eBook und Buch -
  weltweit in allen wichtigen Shops

- Verdienen Sie an jedem Verkauf

Jetzt bei www.GRIN.com hochladen
und kostenlos publizieren

GRIN ☺

Bibliografische Information der Deutschen Nationalbibliothek:

Die Deutsche Bibliothek verzeichnet diese Publikation in der Deutschen National-bibliografie; detaillierte bibliografische Daten sind im Internet über http://dnb.d-nb.de/ abrufbar.

Impressum:

Copyright © 2017 GRIN Verlag
Druck und Bindung: Books on Demand GmbH, Norderstedt Germany
ISBN: 9783668814813

Dieses Buch bei GRIN:

https://www.grin.com/document/443071

Samory Gassama

Paralleles Rechnen

GRIN Verlag

GRIN - Your knowledge has value

Der GRIN Verlag publiziert seit 1998 wissenschaftliche Arbeiten von Studenten, Hochschullehrern und anderen Akademikern als eBook und gedrucktes Buch. Die Verlagswebsite www.grin.com ist die ideale Plattform zur Veröffentlichung von Hausarbeiten, Abschlussarbeiten, wissenschaftlichen Aufsätzen, Dissertationen und Fachbüchern.

Besuchen Sie uns im Internet:

http://www.grin.com/

http://www.facebook.com/grincom

http://www.twitter.com/grin_com

Paralleles Rechnen

Samory Gassama

28 Oktober 2017

Inhaltsverzeichnis

1 Einleitung

Paralleles Rechnen ist die Zusammensetzung der Ergebnisse mehrerer Teilberechnungen zu einem Gesamtergebnis [14]. Es existieren mehrere Gründe wie z.b. die Ausführungsdauer [10]. Durch das Parallele Rechnen ist es bei Simulationen möglich viel Zeit zu sparen und die Ergebnisse schneller zu erhalten. Ein anderer Grund ist die Ressourcenbeschränktheit [14]. Simulationen können die Kapazitäten (z.b. Speicherkapazität) eines einzigen Computers übertreffen. Um trotzdem die Simulation durchzuführen, könnte man mehrere Computer miteinander verbinden. Den letzten Grund den wir erwähnen ist die Komplexe Problemdarstellung [14]. Es gibt Simulationen die so komplex sind, dass um ein Ergebnis zu erhalten, eine Parallele Bearbeitung die einzige Möglichkeit ist. Paralleles Rechnen wird in vielen verschiedenen Bereichen wie z.b. in der Wirtschaft (Big Data, Data Mining...) und in der Forschung (Physik, Mathematik...) verwendet [5].

2 Lattice Boltzmann Grundlagen

2.1 Einführung

Generell ist es sehr schwierig Gleichungen der Strömungssimulation zu lösen. Um dennoch Ergebnisse zu erhalten, wurden verschiedene Methoden entwickelt wie z.b. die Finite-Differenzen-Methode (FDM), die Spektralmethode oder die Lattice-Boltzmann-Methode. Die Lattice-Boltzmann-Methode basiert im Gegensatz zu anderen zu anderen Methoden auf die Lattice-Boltzmann- Gleichung und nicht auf Gleichungen die aus der Strömungsmechanik resultiere [3]. Dadurch ist sie einfacher zu implementieren als andere Methoden. Bei der Lattice-Boltzmann-Methode ist es außerdem nicht notwendig ein Poissongleichung zu lösen, was an sich keine einfache Aufgabe ist. Trotz vieler Vorteile hat die Lattice-Boltzmann-Methode auch Nachteile wie z.b. dass viel Speicherkapazität benutzt wird, oder durch ihre Zeitabhängigkeit ist sie nicht sehr effizient bei der Simulation von stetigen Strömungen.[12]

2.2 Die Lattice Boltzmann Methode

Der Raum, in dem die Simulation stattfindet, ist kontinuierlich. Damit die Lattice-Boltzmann-Methode angewendet wird muss dieser Raum erst mal diskretisiert werden [3]. Somit erhalten wir eine begrenzte Anzahl an Gittern und Gitterpunkte. Die Fluidpartikeln könne sich zwischen benachbarten Gitterknoten bewegen, wie wir im folgenden Beispiel sehen:

Sei der Raum zwei-Dimensional. Für den Punkt 0 haben wir 8 benachbarte Gitterpunkte und somit 8 Bewegungsrichtungen.

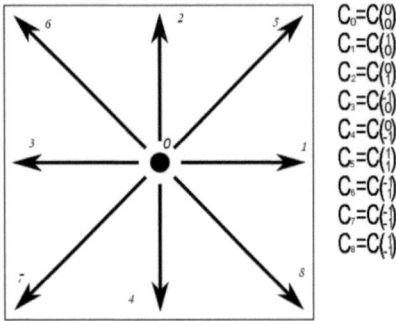

Abbildung 1: Darstellung des D2Q9-Modells auf einem Gitterpunkt mit den dazugehörigen Geschwindigkeiten. Die Nummerierung der Pfeile entspricht der Richtung i.

[3]

Durch Berechnungen auf die wir nicht näher eingehen werden ergibt sich die Lattice-Boltzmann-Gleichung [12]:

$$f_i(x + c_i \Delta t, t + \Delta t) = f_i(x, t) + \Omega_i(x, t) \tag{1}$$

Δt ist der Zeitschritt, c_i ist die Geschwindigkeit entsprechend der Bewegungsrichtung, $\Omega_i(x, t)$ ist der Kollisionsoperator, $f_i(x, t)$ ist die diskrete Verteilungsfunktion.

Diese Gleichung kann man in zwei Teile zerlegen die jeweils eine Bewegung der Fluidpartikeln definieren:

1. Der Kollisionsschritt in dem die neuen Verteilungsfunktionen f_i^* erzeugt werden anhand des Kollisionsoperator $\Omega_i(f)$:

$$f_i^*(x, t) = f_i(x, t) - \frac{\Delta t}{\tau}[f_i(x, t) - f_i^{eq}] \tag{2}$$

Mit τ der Relaxationszeit und $f_i^e q$ die Gleichgewichtsfunktion.

3

2. Dem Strömungsschritt in dem die neuen Verteilungsfunktionen mit den neuen Gitterpunkten und Zeiten identifiziert werden:

$$f_i(x + c_i\Delta t, t + \Delta t) = f_i^*(x, t) \tag{3}$$

Die folgende Graphik verdeutlicht dieses Verfahren:

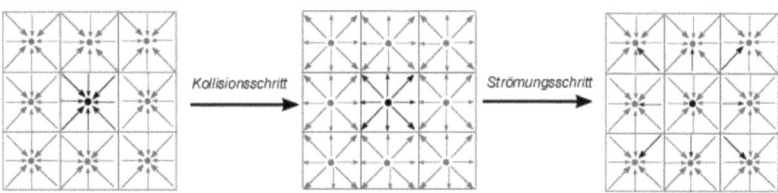

Abbildung 2: Darstellung der Verteilungen über einen Zeitschritt hinweg für eine Zelle mit ihren Nachbarn.

[3]

Der Kollisionsschritt und der Strömungschritt finden immer nacheinander statt. Der Algorithmus für die Lattice-Boltzmann-Methode ist:

Initialisieren;
for $t \in t_0, ..., t_n$ **do**
   Randwerte setzten
   for $x \in \Omega_n$ **do**
      • Kollision

      • Strömung

   end
end

Algorithm 1: Pseudocode des Lattice Boltzmann Algorithmus

4

3 Parallelisierungmethoden

3.1 OpenMP

3.1.1 Grundlagen

OpenMp steht für „Open specifications for Multi Processing" und 1997 gemeinschaftlich von verschiedenen Hard-und Softwareherstellern entwickelt worden. Es ist eine Spezifikation für parallele Programmierung auf mehreren Multicore Prozessoren mit einem gemeinsamen Speicher[13]. In einem solchen System wird der Speicher von zwei oder mehrere Prozessoren geteilt. Die folgende Abbildung ist eine typische Darstellung eines solchen Systems:

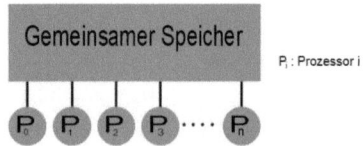

Abbildung 3: Darstellung eines Systems mit gemeinsamen Speicher.

[13]

Das OpenMP ist ein Programmiermodell dass nach dem Fork-Join-Prinzip funktioniert [13]. Als erstes haben wir ein Thread, der Masterthread genannt wird.Dieser Masterthread wird ausgeführt bis das Programm an einem Bereich ankommt, dass mittels OpenMp parallelisiert werden kann.Der Masterthread wird zu einem Team von Threads umgewandelt. Dieser Vorgang wird als *fork* bezeichnet. Der parallele Bereich wird jetzt von dem Masterthread und dem ganzen Team von Threads ausgeführt. Wenn der parallele Bereich zu ende ist wird das Team von Threads synchronisiert und beendet. Nur der Masterthread wird nicht beendet. Dieser Vorgang wird als *join* bezeichnet. Am Ende des parallelen Bereichs wir der Mastethread weiter ausgeführt. Es ist zu bemerken dass innerhalb eines parallelen Abschnittes ein anderer entstehen kann.Der Thread der zu diesen parallelen Abschnitt führt wird zum Masterthread im parallelen Bereich. Die folgende Abbildung verdeutlicht das Fork-join-Prinzip:

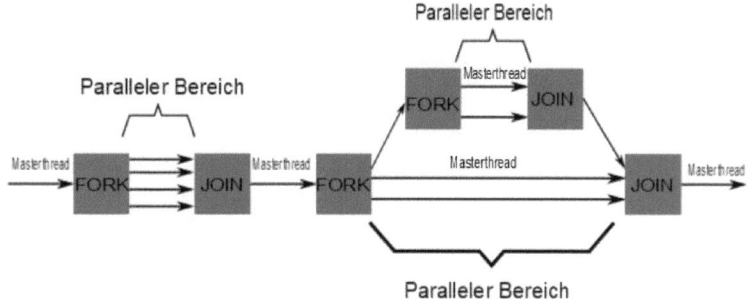

Abbildung 4: Darstellung des Fork-Join-Prinzip.

[13]

3.1.2 Vorteile und Nachteile von OpenMP

OpenMP ist ein sehr interessante Paralellisierungmethode weil sie z.b. die Auslastung de CPUs ermöglicht [7].Ausserdem ist sie nur eine Spracherweiterung von C, C++ und Fortan. Ein weiterer Vorteil ist, dass der Quellcode des Programms nicht geändert werden muss, um auf ein System ausführbar zu sein dass OpenMP nicht unterstützt[13]. Dennoch hat OpenMP viele Nachteil wie z.b. dass es nur auf Systemen mit gemeinsamen Speicher anwendbar und dies zur eine Überschreibung führen kann, weil die Prozessoren um die gleichen Variablen verfügen[7]. Außerdem ist die die Fehlersuche und Fehleranalyse sehr schwer bei OpenMP wegen der mangelnde Unterstützung.

3.2 MPI

3.2.1 Definition

MPI steht für „Message Passing Interface" und steht seit 1994 zu Verfügung. MPI ist eine Bibliothek und keine Programmiersprache[2]. Diese Bibliothek besteht aus Funktionen. Die Kommunikation in einem parallelen System wird durch diese Funktionen spezifiziert. Die Grundlage dieser Funktionen basieren auf das Message-Passing-Modells. Somit ist MPI eine spezifische Umsetzung des Message-Passing-Modells.

6

3.2.2 Message-Passing-Modell

Message Passing wird der Nachrichtenaustausch zwischen den verschiedenen Prozessoren über ein Netzwerk genannt [4]. Die Prozessoren haben keinen gemeinsamen Speicher sondern jeder hat seinen eigenen. Also kann kein Prozessor auf die Daten eines anderen Prozessoren zurückgreifen. In der folgenden Grafik wird ein einfaches Beispiel von Message Passing abgebildet.In dieser Grafik sendet der Prozessor P_0 eine Nachricht an den Prozessor P_1 über das Netzwerk [2]. Wendet man dieses Konzept von Message Passing auf einer Grösseren Ebene an, erhält man das Message-Passing-Modell. Das heißt mit einem Netzwerk und einer festen Anzahl an Prozessoren und Prozessen [4]. Und wie oben schon erwähnt hat jeder der Prozessoren seinen lokalen Speicher und die Prozessoren kommunizieren über das Netzwerk miteinander.

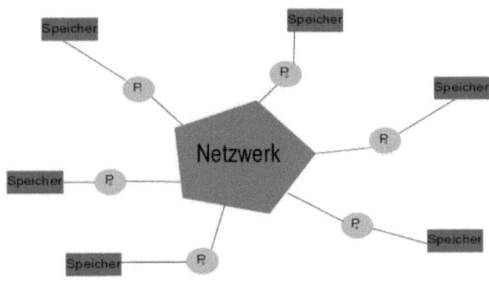

Abbildung 5: Message-Passing-Modell

[2]

3.2.3 Vorteile und Nachteile von MPI

MPI kann auf Systemen mit gemeinsamen Speicher angewendet werden und auch auf Systemen mit Verteilten Speicher.Ausserdem ist MPI auf eine sehr hohe Anzahl an Prozessoren skalierbar[13]. Ein weiterer Vorteil ist das MPI mit OpenMP kombinierbar ist. MPI besitzt denoch ein paar Nachteile.Das Netzwerk ermöglicht den Austausch zwischen den Prozessoren. Somit kann der Nachrichtenaustausch zwischen den Prozzesoren dich das netzwerk beschränkt sein. Was zur einer Beschränkung der Leistung des Parallelisierungmodells führen kann. Dazu is es noch wichtig zu erwähnen dass die Fehlersuche und Fehleranalyse eine sehr schwiriege Aufgabe ist. [4].

3.3 GPGPU

3.3.1 Grundlagen

Die Verwendung von Grafikprozessoren (GPU) für nicht-grafische Berechnungen wird GPGPU (General Purpose Computation on Graphics Processing Units) genannt [8]. Der GPU wurde für die Visualisierung entwickelt. Er besitzt sehr viele Kerne. Diese Kerne verfügen um wenig Rechenleistung weil die Visualisierung viele Berechnungen benötigt die aber nicht anspruchsvoll sind. Die Videospielindustrie hat sehr viel dazu beigetragen dass die Leistung der GPUs in den letzten Jahren sehr gestiegen ist. Dennoch ist die Idee das Potential zu nutzen viel später erstanden. Die folgende Grafik erklärt warum die Interrese um Gpus zu benutzen ständig wächst:
Der GPU benötigt wenig Speicherzugriff und Steuerlogik[8]. Die führt dazu das Platz für weitere Kerne auf der Chipkarte zu Verfügung steht. Deswegen auch die hohe Anzahl an Kernen im Gegensatz zum CPU. Die Kernen des GPUs werden in Gruppen eingeteilt. Jeder dieser Gruppen verfügt über ein eigenen Steuerungs- und Cachebaustein. Der Grund für dieses Vorgehen ist dass die Berechnung von Bildpunkten unabhängig voneinander ausführbar sind. Der CPU hingegen besitzt einen großen Steuerungs- und Cachebaustein. Es wäre nicht Vorteilhaft die letzteren durch Kerne zu ersetzen weil der CPU sehr komplexe und viel Speicherzugriff erfordernde Aufgaben ausführen muss. Ein Kernel ist ein Programm das für die Ausführung auf ein GPU bestimmt ist.es wird zuerst die Schnittstelle initialisiert, welche die Kommunikation des CPUs und des Hauptspeicher mit dem GPU erstellt. Anschließlich werden von den Hauptspeicher an den Speicher vom GPU gesendet. Daraufhin führt der GPU den Kernel aus. Die erhaltene Ergebnisse werden an den Hauptspeicher über der GPU Speicher transferiert.

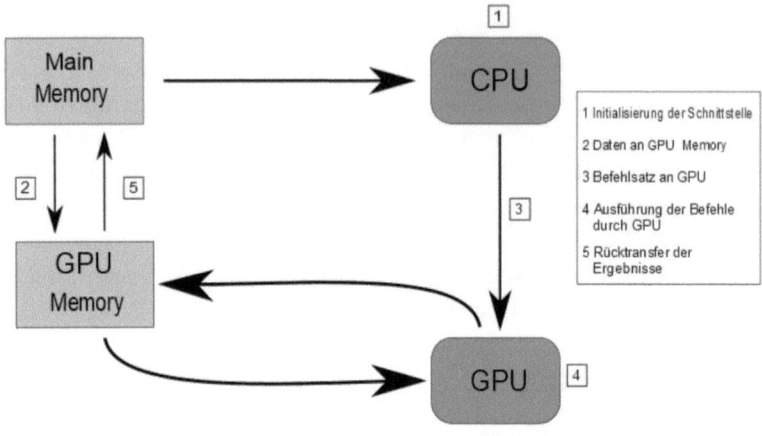

Abbildung 6: Allgemeine Architektur einer GPGPU-Anwendung

[8]

3.3.2 Vor- und Nachteile von GPGPU

Der Vorteil des GPGPU ist das die parallelisierbaren Programme schneller ausgeführt werden.Dennoch gibt es Nachteile wie z.b. dass GPGPU ungeeignet für Programme die einen sequentiellen Algorithmus besitzen [?].Ein anderer ist das Rechnen mit Gleitkommazahlen bei doppelter Genauigkeit(double-precision)[8].

4 Parallelisierung von Lattice Boltzmann

4.1 Mit MPI

Bei der Parallelisierung durch MPI wird der diskretisierte Simulationraum in Untersimulationsräume unterteilt. Jeder dieser Untersimulationsräume wird von einem Prozessor ausgeführt. Jeder der Prozesse dieses Programmes bekommt eine Nummer, die auch *Rank* genannt wird[12]. Der Datentransfer findet auf zwei verschiedenn Arten statt:

- Zwischen Gitterpunkte, deren Berechnungen von dem gleichen Prozessor ausgeführt wird, findet der Datenaustausch über den gemeinsamen Speicher statt.

9

- Zwischen Gitterpunkte, deren Berechnungen von verschieden Prozessoren ausgeführt wird, findet der Datenaustausch über das Standardkommunikator statt.

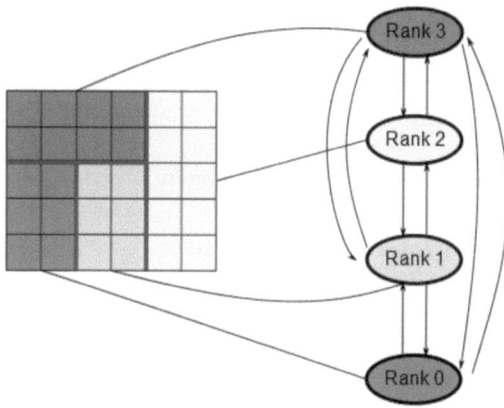

Abbildung 7: Unterteilung eines Simulationsraumes auf mehrere Prozessoren.

Für zwei benachbarte Reihe an Gitterpunkten die nicht zum gleichen Prozessor gehören wird als erstes Zwei Overlaps erstellt. Jedes Overlap befindet sich an der Grenze wo normal der andere Teilbereich ist. Dann werden in jedem Overlap die Daten des angrenzenden Reihe, des anderen Teilbereiches, hineinkopiert. Anschließend findet der Strömungsschritt statt. Die folgende Graphik verdeutlicht dieses Verfahren:

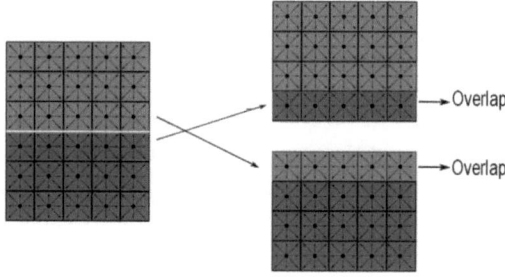

Abbildung 8: Datenaustausch zwischen Zwei Gebieten mit MPI

10

Der folgende Code führt den Datenaustausch zwischen Gitterpunkten die nicht zum gleichen Prozessor gehören aus:

```
// Die Daten werden vom unteren Overlap an die
//oberste zeile gesendet.
MPI_Isend(DatenObereZeile ,... , rank+1,myRank ,...);
MPI_Irecv(DatenUntereOverlap ,... , rank −1,Rank −1);

//Die Daten werden vom oberen Overlap an die unterste Zeile ges
MPI_Isend(DatenUntereZeile ,... , rank −1,myrank ,...);
MPI_Irecv(DatenObereOverlap ,... , rank +1 ,...);

// Berechnungen der Gitterpunkte eines Bereiches
// der vom gleichem Prozessor ausgef hrt wird.
stream_collide_save_test(parameter ,...)

// Warten dass alle Daten empfangen wurden.
MPI_Waitall(parameter ,...);

//Berechnungen des ersten und letzten Teilbereiches.
stream_collide_save (... ,0 ,1);
stream_collide_save (... , rank_ny −1,rank_ny );
```

4.2 Mit OpenMP

Die Parallelisierung mittels OpenMP wird mit der Hilfe Von OpenMP-Direktiven ausgeführt. Durch ihre Benutzung in einem Programmiercode kann festgelegt werden wo ein Parallelisierung stattfindet. Die folgenden OpenMP-Direktiven sind in C und C++. Die OpenMP-Direktiven beginnen immer mit #*pragma omp*[12]. Danach wir die benutzte Direktive eingebaut. In unserem Fall handelt es sich um die *for parallele* Direktive. Sie ist eine Kombination aus der *for*-Direktive und der *paralell*-Direktive. Die *parallel*-Direktive führt dazu dass ein Programmabschnitt durch mehre Threads durchlaufen wird. Dank der *for*-Direktive werden die einzelnen Iterationen des Programmabschnitts auf die Threads verteilt.In einer Lattice-Boltzmann-Simulation kommt die Parallelisierung mittels OpenMP in mehreren Programmabschnitte vor. Die Parallelisierung jedes dieser Programmabschnitte ist identisch. Der Programmabschnitt *stream_collide_save* ermöglicht die Daten der verschieden Partikelpopulationen zu aktualisieren nach jedem Strömungs- und Kollisionsschritt[12]:

```
void stream_collide_save(double *f0, double *f1, double *f2,
double *r, double *u, double *v, bool save)
{

    #pragma omp parallel for default(none)
    shared(f0,f1,f2,r,u,v,save) shedule(static)

        for(unsigned int y = 0; y < NY; ++y)
        {
            for(unsigned int x = 0; x <NX; ++x)
            {
                // Berechnungen
            }
        }
}
```

4.3 Mit GPGPU

Wie schon erwähnt ist GPGPU eine Paraleliesirungsmethode die auf der Verwendung von GPUs basiert[12]. Um Lattice Boltzmann zu simulieren wird erstens die Simulationsraum entsprechend der GPUs aufgeteilt. Dementsprechend wird der Simulationsraum in ein Gitter unterteilt. Das Gitter wird in mehreren Blöcke unterteilt. Jeder Block wird von allen Recheneinheiten des GPU ausgeführt und die Brechnungen jedes Gitterpunktes von einer Recheneinheit. Die Recheneinheiten führen alle den gleichen Code aus aber die eingesetzten Variablen hängen von dem gitterpunkt ab. Diese Unterteilung ist nur möglich wenn der Simulationsraum dreidimensional, zweidimensional oder eindimensional ist[12]. Der Folgende Code unterteilt das Gitter in Blöcke auf und ruft den Kollisionsschritt auf:

```
_host__ void stream_collide_save (...) {

    // Gitter wird in Blöcke unterteilt
    // NX und NY sind die Größen des Gitters
    // nThreads ist die Anzahl der Recheneinheiten in einem
    dim3 grid (NX/nThreads, NY, 1);

    // Blöcke werden in Threads unterteilt.
    dim3 threads (nThreads, 1, 1);

    // Aufruf des Kollisionsschritt
    gpu_stream_collide_save <<< grid, threads >>>(...);
}

__global__ void gpu_stream_collide_save (...) {

    // Die Koordinaten des Gitterpunktes wird berechnet.
    unsigned int y = blockIdx.y;
    unsigned int x = blockIdx.x*blockDim.x+threadIdx.x;
    unsigned int xp1 = (x+1)%NX;
    unsigned int yp1 = (y+1)%NY;
    unsigned int xm1 = (NX+x−1)%NX;
    unsigned int ym1 = (NY+y−1)%NY;
    // Jetzen folgen die Berechnungen.

}
```

Literatur

[1] Felix Rühle. Vielteilchendynamik in der inertialen mikrofluidik : Eine Simulationsstudie unter Verwendung der Lattice-Boltzmann-Methode, 2017.

[2] Denis Girou Pierre-François Lavallée Dimitri Lecas Philippe Wautelet Jalel Chergui, Isabelle Dupays. Message passing interface. Technical report, NSTITUT DU DÉVELOPPEMENT ET DES RESSOURCES EN INFORMATIQUE SCIENTIFIQUE, 2013.

[3] Axel Reiser. Echtzeit-festkper-simulation mit der lattice boltzmann methode. Technical report, Universität Stuttgart, 2015.

[4] William Gropp, Ewing Lusk, and Anthony Skjellum. *MPI - eine Einführung : portable parallele Programmierung mit dem Message-Passing Interface*. Oldenbourg, München [u.a.], 2007. Übersetzung der 2. Aufl.

[5] Blaise Barney. Introduction to parallel computing. Technical report, Lawrence Livermore National Laboratory, 2017.

[6] F.Braun. Open multi processing. Technical report, Universität Regensburg, 2016.

[7] Openmp : Eine Einführung in die parallele Programmierung mit C/C++, 2008.

[8] Alena Tabea Geduldig. Parallelisierung des k-means-algorithmus zum clustern von dokumenten. Technical report, Universität Köln.

[9] Jan Linxweiler. Entwicklung eines auf der lattice-boltzmann-methode basierenden interaktiven strungssimulators in c mit verschiedenen berechnungskernen. Technical report, Technische Universität Braunschweig, 2004.

[10] Thorsten Grahs. Vorlesungskript. Technical report, Technische Universität Braunschweig, April 2015.

[11] M.Geier M.Stiebler S.Freudiger M.Krafczyk M.Schönherr, K.Kucher. Multi-threadimplementationsofthelatticeboltzmannmethodon non-uniformgridsforcpusandgpus. Technical report, TU Braunschweig, 2012.

[12] Timm Krüger. The lattice boltzmann method : Principles and Practice, 2017.

[13] Michael westermann. Openmp im rahmen des seminars parallele und verteilte programmierung. Technical report, Westfälische Wilhelms-Universität Münster.

[14] Thomas Offermann Philipp Tommek Dominik Pich. Paralleles rechnen.